지하철 사랑의 편지

ⓒ 2003, 용혜원

지하철 사랑의 편지

용혜원 엮음

나무생각

서문

삶이란 정거장에서 만난 작은 이야기

분주한 시간 혹은 여유가 있는 시간
오가는 지하철에서 만났던 짧은 이야기들입니다.
잠시 멈추어 바라보며 공감하기를 원하며
썼던 글입니다.
우리들의 삶은 날이 갈수록 정감이 사라지지만
차가워지는 시선들 속에 따뜻하게 다가오는
우리들의 삶 속에서 일어나는
우리들의 이야기입니다.

그냥 스쳐 지나가 한순간 만남으로 끝나기가
아쉬워 한 권의 책으로 엮어 보았습니다.
짧은 이야기들이 우리들의 마음에
잔잔한 파문을 일으켰으면 좋겠습니다.
우리들의 마음에 사랑과 희망과 행복과 나눔을
만들어가게 해 주었으면 정말 좋겠습니다.
이 책을 만나는 모든 이들에게 축복이 함께하기를
마음을 모아 기도 드립니다.

2003년 1월 용혜원

| 차 례 |

서문 · 4

1부 내가 가지고 있는 소중한 것

내가 가지고 있는 소중한 것 · 12

방과 마음 · 14

인간 관계 · 16

나누는 삶 · 18

가장 빠른 방법 · 20

가위 바위 보 · 22

어리석은 근심 · 24

행복한 얼굴 만들기 · 26

전교 등수 안에 · 28

위를 보라 · 30

흠 있는 진주 · 32

젊음의 비결 · 34

꿈은 이루어진다 · 36

돼지 저금통 · 38

소년의 편지 · 40

죽는 방법 · 42

술의 정체 · 44

욕심 · 46
지나친 사랑 · 48
만족 결핍증 · 50
포옹 · 52
인간의 감옥 · 54
무관심 · 56

2부 행복을 주는 말

행복을 주는 말 · 60
웃음의 비밀 · 62
어른이 된 나의 아들에게 · 64
…라고 생각하세요! · 66
씨앗을 파는 가게 · 68
칭찬 · 70
명품 바이올린 · 72
세 종류의 친구 · 74
시련 후에 있는 성장 · 76
사랑은 위대하다 · 78

희망의 끈 · 80

응답 · 82

용서 · 84

나무와 열매 · 86

가장 귀한 보물 · 88

쉴 수 있는 시간 · 90

공짜는 없다 · 92

내가 사랑한 것 · 94

사랑의 메아리 · 96

악수의 여러 가지 의미 · 98

분명하게 말하자 · 100

선물 · 102

친구란… · 104

3부 성공하는 사람들의 조건

성공하는 사람들의 조건 · 108

성공과 실패의 갈림길 · 110

문을 열어라 · 112

긍정적인 사람 · 114
기다리는 그 시간 · 116
독서의 힘 · 118
제일 맛있는 감 · 120
최선의 85퍼센트 · 122

돌아오지 않는 세 가지 · 124
가장 중요한 것 · 126
목표 · 128
비스마르크와 아들 · 130
가필드의 10분 · 132
지혜로운 왕 · 134
노벨의 마음 · 136

카네기 · 138
내 삶을 어떻게 만들까? · 140
순종 · 142
성취의 기쁨 · 144
에디슨의 장미 정원 · 146
바다와 폭풍우 · 148

떨어진 휴지 한 장 · 150
딱정벌레의 힘 · 152

한 농부가 새 농장을 사기 위해 신문 광고를
뒤적이다가 이런 광고를 보게 되었습니다.
바로 농부가 원하던 농장이었습니다.
오랫동안 농장을 잘 가꾸면서 살던 농부는 이제
싫증이 나서 다른 농장을 찾고 있었습니다.
지금의 농장을 팔고 다른 농장을 사고 싶어서
부동산 중개소에 자기의 농장을 내놓았고, 부동산
중개소에서는 여러 곳에 광고를 내 주었습니다.
그리고 자신도 좋은 농장이 있는지 광고들을
눈여겨보던 참이었습니다.
그런데 마음에 드는 그 농장의 위치를 확인해
보니, 바로 자기 농장이었습니다.
농부는 매물로 내놓았던 것을 취소하고 다시
자신의 농장을 가꾸면서 더 행복하게 살았답니다.

방과 마음

우리들이 사용하는 방과 마음은
공통점이 있습니다.
방과 마음은
어떻게 사용하느냐에 따라서
엄청나게 달라지기 때문입니다.
방에다 밥상을 갖다 놓으면 식당,
책상을 놓고 공부를 하면 공부방,
방석을 깔아 놓고 차와 음식을 대접하면 응접실,
이불을 깔고 잠을 자면 침실,
요강을 갖다 놓으면 화장실,
담요를 갖다 놓고 화투를 치면 도박장.

우리의 마음도 무엇이 주장하느냐에 따라
천태만상으로
전혀 다른 마음이 될 것입니다.
우리의 마음에 무엇을 넣어 두기를 원하십니까?

인간 관계

몇 해 전 여름이었습니다.
강의를 마치고 내려오는데 한 학생이 다가와
내 이마를 쳐다보며 말했습니다.
"이 세상에서 가장 어려운 일 중에 하나가
무언지 아세요?"
나는 갑자기 받은 질문이라
잘 모르겠다고 했습니다.
그 학생은 웃으며 말했습니다.
"그건 대머리에 머리핀을 꽂는 거예요."
내가 머리를 만지며 웃었더니 다시 이렇게
말했습니다.

"물론 대머리에는 접착제로 머리핀을
붙일 수는 있지만
정말 세상에서 가장 어려운 일은 인간 관계예요."
학생이 전해 준 이 이야기 속에는 참으로 중요한
뜻이 담겨져 있습니다.
왜 많은 사람들이 괴로워하며 살아가고 있습니까?
바로 인간 관계가 잘못되어서입니다.
친절과 겸손 그리고 웃음으로 주변 사람들을
사랑해 보십시오.
그러면 자신도 기쁨 속에 행복을 느끼며
살아갈 수 있습니다.

나누는 삶

아기는 태어나면서 세 가지 모습을 보여 줍니다.
울고, 손을 움켜쥐고, 발버둥을 칩니다.
그런데 사람들이 평생 이 모습으로 살아간다는
것을 아십니까?
기뻐서 울고 슬퍼서 울고, 돈과 명예와 권세를
쥐려 하고, 무언가를 이루려고 날마다
발버둥을 치며 살아갑니다.
그러나 인생은 빈손으로 왔다가 빈손으로
가는 길입니다.
성경은 말합니다.
하늘에 보화를 쌓아 놓으라고,

지극히 작은 자에게 냉수 한 그릇을 대접한
일을 기억하겠다고 말입니다.
나이가 들수록 욕심을 부리는 사람과
이웃과 나누며 사는 사람의 얼굴은 확연히 다릅니다.
주변 사람들의 평가도 전혀 달라집니다.
욕심을 내는 사람은 신경질적이지만, 나누며 사는
사람에게는 평안과 기쁨이 넘칩니다.
그리고 웃음이 있습니다.
욕심을 채우느냐, 아낌없이 나누느냐에 따라
내 삶이 달라집니다.

가장 빠른 방법

영국의 한 방송국에서 퀴즈를 냈습니다.
그 내용은 "영국 끝에서 런던까지 가장 빠르게
오는 방법은 무엇인가?"였습니다.
도처에서 수많은 대답들이 쏟아져 들어왔습니다.
"비행기를 타고 오는 것이다."
"배를 타고 오는 것이다."
"기차를 타고 오는 것이다."
"고속도로로 차를 몰고 오는 것이다."
그러나 정답은 바로 이것이었습니다.
"사랑하는 사람과 함께 오는 것이다."
왜냐하면 사랑하는 사람과 같이 있을 때
시간이 가장 빠르게 지나가기 때문입니다.

내가 가지고 있는 소중한 것

가위 바위 보

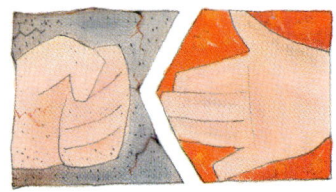

"가위, 바위, 보!"
누구에게나 친구들과 가위 바위 보 놀이를 하며
서로 이기려고 한 기억이 있을 겁니다.
재미있게도 어느 나라에서든지 '바위'가 '가위'를
이기고, '가위'는 '보'를 이깁니다.

참으로 이상한 것은
제일 약한 것 같은 '보'가
제일 강한 '바위'를 이긴다는 사실입니다.
여기에서 부드러움이 강함을 이긴다는 진리를
배울 수 있습니다.
놀이에 담겨 있는 살아 있는 진리입니다.
사랑은 부드러움입니다.
먼저 다가가는 마음의 여유입니다.
그리고 사랑은 이 세상 그 무엇도 이겨낼 수
있는 힘입니다.

어리석은 근심

모두가 잠든 깊은 밤,
한 남자가 어둡고 가파른 길을 가다가
발을 헛디뎌 아래로 미끄러지기 시작했습니다.
발 밑은 낭떠러지인 것 같았습니다.
아래로 떨어지지 않기 위해 있는 힘을 다해
옆에 있는 나무를 부여잡았습니다.
살기 위해 안간힘을 썼지만 결국은 힘이 빠져
나무를 놓치고 말았습니다.
퍽!
그런데 떨어져서 보니 불과 30센티미터밖에
안 되는 웅덩이였습니다.

한 젊은 선원이 처음으로 항해를 떠나게
되었습니다.
북대서양에서 폭풍우를 만나게 되었을 때
그는 돛대에 올라가 항로를 조정하라는 명령을
받았습니다.
젊은 선원은 돛대에 올라가다가 밑에서 출렁이는
파도를 보고 겁에 질렸습니다.
그는 휘청거리며 몸의 균형을 잃고 있었습니다.
그때 그를 본 고참 선원이 그에게 외쳤습니다.
"여보게! 위를 보게나 위를!"
젊은이는 그 말대로 위를 바라보았습니다.
젊은이는 다시 몸의 균형을 잡게 되었습니다.
눈앞에 닥친 현실에서 눈을 돌려 위를 바라보면
전체를 조망할 수 있습니다.

흠 있는 진주

어느 날 한 사람이 매우 아름다운 진주를
발견했습니다.
그런데 거기에는 작은 흠집이 있었습니다.
그는 흠집만 없앨 수 있다면 그 진주가
세상에서 가장 크고 귀중한 보석이 될 것이라고
생각했습니다.
그는 흠이 없어지기를 기대하며 진주의 표피를
한 꺼풀 벗겨 냈습니다. 하지만 흠은 여전히
남아 있었습니다.
그는 흠이 없어질 때까지
계속해서 껍질을 벗겨 나갔습니다.

나중에 흠이 없어졌을 때에는
이미 진주로서의 가치는 사라진 뒤였습니다.
완전한 것은 없습니다. 아무리 뛰어난 해결책에도
문제점이 있게 마련입니다.
완전한 것을 얻으려고 했다가 결국에는 아무것도
얻지 못하는 수가 있습니다.
지금 당신이 있는 그 자리를 한번 둘러보시기
바랍니다.
가장 가까이에 최상의 것이 있는지도 모릅니다.

젊음의 비결

롱펠로는 하버드 대학에서 근대 어학을
가르치며 낭만적인 사랑의 시를 써서 대중의
사랑을 한 몸에 받은 미국 시인입니다.
세월은 흘러 어느덧 그의 머리칼도 하얗게
세었습니다.
그러나 그의 안색이나 피부는 젊은이처럼 늘
싱그러워 보였습니다.
하루는 나이보다 젊어 보이는 롱펠로를 향해
친구가 물었습니다.
"이보게, 자네는 여전히 젊군 그래. 자네가
이렇게 젊음을 유지하는 비결은 뭔가?"

이 말을 들은 롱펠로는 정원에 있는 커다란
나무 쪽으로 시선을 옮기며 말했습니다.
"저 나무를 보게나! 이제는 늙은 나무지.
그러나 저렇게 꽃이 피고 열매도 맺는다네.
그것이 가능한 건 저 나무가 매일 조금이라도
계속 성장하고 있기 때문이야.
나도 그렇다네. 나이가 들었어도 날마다
성장한다는 마음가짐으로 살아가고 있다네."

꿈은 이루어진다

1953년 5월 29일 에드먼드 힐러리는 세계에서 가장
높은 산인 에베레스트 산을 정복했습니다.
그에게는 이미 10년 전에 도전한 경험이
있었습니다.
비록 실패하고 말았지만 그때 그는 용기를 내어
이렇게 말했습니다.
"에베레스트 산이여! 너는 자라지 못한다.
그러나 나는 자랄 것이다. 나의 힘도 능력도
자랄 것이다.
또한 내가 구비한 장비도 자랄 것이다.

나는 돌아오겠다. 기다려라. 나는 다시
산에 오를 것이다."
그리고 10년이 지난 후 그 꿈을 이루었습니다.
꿈과 용기가 있는 사람은 결코 포기하거나
좌절하지 않습니다.
도전 정신과 용기만 있다면 자신이 원하는 삶을
이룰 수 있습니다.

돼지 저금통

한 어린아이가 초등학교에 입학하게
되었습니다.
어머니는 아이가 초등학교에 입학한 기념으로
저금 통장을 만들어 주기로 했습니다.
어머니는 아이를 데리고 은행에 갔습니다.

아이는 엄마가 가르쳐 주는 대로 고사리 같은
손으로 직접 통장 개설에 필요한 서류에 이름과
생년월일을 써 넣었습니다.
그런데 다음 칸에 '전에 거래한 은행 이름'이라고
적혀 있었습니다.
아이는 고개를 갸우뚱하고 잠시 생각하더니
이렇게 적었습니다.

'돼지 저금통.'

소년의 편지

이탈리아 주둔군의 아들인 13세 소년 바비 힐은
알버트 슈바이처 박사에 대한 글을 읽다가
유럽 지역 미 공군 사령관인 리처드 린제이
장군에게 편지를 썼습니다.
"제가 아스피린을 한 병 샀어요.
이 약을 아프리카에 계신 슈바이처 박사님
병원에 낙하산으로 떨어뜨려 주세요."
린제이 장군은 소년의 편지 내용을 방송국에
알렸습니다.
방송을 듣고 감명받은 유럽 사람들이 모은 약품은
자그마치 40만 달러 어치나 되었습니다.

곧 바비는 이탈리아와 프랑스가 제공한 비행기에
약을 싣고 아프리카로 갔습니다.
슈바이처 박사는 감격해서 말했습니다.
"어린아이가 이런 큰 일을 할 수 있으리라고는
꿈에도 생각해 본 적이 없습니다."
다른 사람을 돕고자 하는 13세 소년의 작은 마음이
죽어 가는 많은 사람들을 구하는 큰 손길이
되었습니다.

죽는 방법

언제나 왕에게 웃음을 선사해야 하는
피에로가 있었습니다.
어느 날 피에로는 시무룩한 왕의 마음을
풀어주려고 온갖 노력을 다했지만
소용이 없었습니다.
화가 더욱 치솟은 왕은 시종을 불렀습니다.
"여봐라! 나를 웃기지도 못하는 이 피에로를
감옥에 가두어라!"
왕은 그래도 화가 풀리지 않자 피에로를
죽여 버리기로 작정했습니다.

그래서 피에로를 불러 이렇게 말했습니다.
"피에로야! 내가 너를 죽여 버려야겠다.
여기 모래 시계를 엎어 놓을 테니
모래알이 다 떨어질 때까지 네가 죽을 방법을
자유롭게 선택하여라.
단두대에 올라가든지, 화형을 당하든지,
사약을 먹든지, 총살을 당하든지 죽는 방법은
네 마음대로 하라!"
모래 시계의 모래알이 또르르 떨어지고
있었습니다.
모래알이 다 떨어지자 왕이 물었습니다.
"자, 시간이 다 됐다! 너는 어떻게 죽겠느냐?"
피에로는 싱글싱글 웃으면서 이렇게 말했습니다.
"대왕마마! 저는 늙어서 죽는 방법을
택하겠습니다!"

술의 정체

나는 얼굴 없는, 역사상 최고의 흉악범입니다.
나는 역사적으로 한 번도 체포된 적이 없습니다.
나는 건강한 사람을 환자로 만들 수 있습니다.
나는 멀쩡한 사람을 야수로 만들 수 있습니다.
나는 지혜로운 사람을 우매자로 만들 수 있습니다.
나는 돈이 많은 사람을 거지로 만듭니다.
나는 장래가 촉망되는 젊은이를 당장

파멸시킬 수 있습니다.
나는 행복이 넘치는 가정을
불행하게 만들 수 있습니다.
나는 사람을 양같이 온순하게 할 수 있습니다.
나는 사람을 난폭하게 할 수 있습니다.
나는 돼지같이 더럽게도 할 수 있습니다.
나는 사슴같이 춤추고 노래를 부르게
할 수 있습니다.
나는 모든 사람을 죽일 수도 있습니다.
지금까지 내 손에 쓰러진 사람이 많습니다.
어느 누구도 나를 죽이지 못하지만
내 힘을 약하게 하는 것은
자제력과 맑은 물뿐입니다.

나는 술입니다.

욕심

한 청년이 길을 걸어 가다가 길에서 요술 램프를
발견했습니다.
청년은 신기해서 요술 램프를 문질러 보았습니다.
그랬더니 요정이 나타나 말했습니다.
"소원이 있으면 딱 하나만 말씀하세요.
그러면 들어드리겠습니다."
그때 청년에게는 세 가지 소원이 있었습니다.
그것은 돈과 여자와 결혼이었습니다.
한 가지도 놓치고 싶지 않은 청년은
이렇게 말했습니다.
"돈, 여자, 결혼이 소원이오!"

그후 청년은 소원대로
돈 여자와 결혼을 했다고 합니다.
욕심은 사람을 불행하게 만듭니다.
세상은 욕심대로 살 때보다
소망을 하나하나 이루어 가며 서로 나눌 때
행복해집니다.

지나친 사랑

장난꾸러기 아들을 둔 돈 많은 여인이 있었습니다.
그녀의 아들은 다른 방에서 하녀가 돌보고
있었습니다.
그때 어디선가 말벌 하나가 방 안으로
날아 들어왔습니다.
아들은 아름다운 색깔을 한 말벌을 보자
흥미가 생겼습니다.
"저걸 갖고 싶어요! 잡아줘요!"
아이가 떼를 쓰기 시작했습니다.
옆방에서 듣고 있던 여인은 아들이 원하는 건
다 해 주라고 하녀에게 소리쳤습니다.

하녀는 주인이 시키는 대로 아이에게 말벌을
잡아 주었습니다.
잠시 후 말벌에 쏘인 아들은 자지러지게
울어댔습니다.
여인은 한걸음에 달려와 하녀에게 화를 내며
아이가 우는 이유를 물었습니다.
하녀는 "아이가 원하는 것을 주었더니 울기
시작했어요." 하며 울먹였습니다.

만족 결핍증

현대인들은 만족 결핍증을 앓고 있습니다.
인생의 진정한 만족은 술이나 향락, 부유함에
있지 않습니다.
미국의 작가 게일은 《통로를 찾는 사람들》이란
책에서 참 만족을 갖고 사는 사람들은 다음과
같다고 말했습니다.

삶과 뜻에 분명한 방향을 가진 사람.
허무와 실망에 매이지 않는 사람.
앞날의 계획을 믿음과 용기로 성취하는 사람.
누군가를 무척 사랑하는 사람.

어리석은 근심이 두려움을 만들어 쓸데없는 고생만 했던 것입니다.

행복한 얼굴 만들기

그 사람의 얼굴을 보면
그 사람이 어떤 사람인지 알 수 있습니다.
가장 중요한 척도는 그 사람의
얼굴빛과 표정입니다.
얼굴 표정이 밝고 빛이 나는 사람,

웃음이 가득한 사람은
긍정적이고 희망적입니다.
얼굴 표정이 어둡고 찡그려진 사람은 그만큼
쉽게 좌절하는 편입니다.
얼굴 표정과 마음은 바로 연결되어 있습니다.
마음이 어두우면 얼굴 표정도 어둡습니다.
마음이 밝으면 얼굴 표정도 밝습니다.
밝은 얼굴은 행복하다는 증거입니다.
마음속에 꿈과 비전을 간직하면
행복한 사람이 됩니다.
걱정하고 두려워하는 사람보다는
행복을 꿈꾸며 이를 이루어가는
사람의 표정이 밝습니다.
행복한 얼굴은 행복한 삶을 만듭니다.

전교 등수 안에

고등학교에 다니는 아들이 학교에서 시험을
보고 나서 시무룩한 표정으로 돌아왔습니다.
아버지가 그 이유를 물어보니
시험을 잘 못본 것 같다고 합니다.
그래서 다시 물었습니다.
"그럼 너, 학교에서 전교에서는 등수 안에 드냐?"
아들은 황당하다는 표정을 지으며
이렇게 말했습니다.
"그럼요! 학교에 다니는 아이들 중에 전교 등수
안에 들지 못하는 아이가 어디 있어요!"
"우리 아들 공부 잘하네!

신뢰할 친구가 많은 사람.
낙천적이고 비밀이 없는 사람.
자기 비평에 신경 쓰지 않는 사람.
큰 두려움이 없는 사람.

포옹

포옹이야말로 마음의 병을 치료하는
지름길입니다.
포옹은 스트레스와 싸울 수 있는 훌륭한
무기입니다.
따뜻하고 사랑스러운 포옹은 상대방의 마음을

든든하게 하고 평안함을 주며,
포옹하는 순간 긴장 수치는 수직 강하되어
외부에 대한 감정의 변화가 긍정적으로 됩니다.
포옹은, 혈압을 급상승시키고
긴장감을 불러일으키는 분노의 감정도
맥 못추게 만드는 효력이 있으며,
고독과 외로움을 달래줄 수 있는 유일한
수단이며 탁월한 정신 치료제입니다.
배우자나 가족들과 관계를 지속하고 싶으면
주저말고 부드럽게 안아 주세요.
포옹은 상대방과 가장 친밀하게 관련을 맺고
있다는 하나의 증거입니다.

— 게오프 가드비

인간의 감옥

현대인들은 감옥에 살고 있습니다.
이 감옥에서 벗어나야 비로소 따뜻한 미소를
지으며 행복하게 살아갈 수 있습니다.
케이치프 노이드는 관계가 단절된 인간이
갇혀 살고 있는 여섯 가지 감옥을
이렇게 말하고 있습니다.

자기의 예쁜 면만을 볼 줄 아는 자기 도취의 감옥,
다른 사람의 나쁜 점만을 보는 비판의 감옥,
오늘과 내일을 암담하게 보는 절망의 감옥,
옛날만 황금 시대로 보는 과거 지향의 감옥,
다른 사람만 부러워하는 선망의 감옥,
다른 사람이 잘되는 것을 싫어하는 증오의
감옥입니다.

무관심

" '무관심'의 정의를 내려볼 사람?"
한 교수가 강의 시간에 학생들에게 질문을 던졌습니다.
한 학생이 손을 들더니 이렇게 말했습니다.
"교수님! 저는 모르겠습니다. 저는 그 문제에 관심도 없습니다."
오늘날 현대 사회는 무관심, 무의식, 무감동, 무절제의 시대라고 말합니다.
팽창하는 개인주의로 인해 가정과 사회에 갖가지 문제가 생겨나고 있습니다.
무관심을 우리는 어떻게 말할 수 있습니까?

냉담하고 완전히 신경 쓰지 않는 것, 어떤 의견도
없는 것이 바로 무관심일 것입니다.
우리는 이웃과 더불어 함께 살아가야 합니다.
누군가 자신 때문에 행복할 수 있다면 얼마나
좋겠습니까?

1부 내가 사가지 않는 꽃이 소중한 것

"멀고 기름진 땅, 싱싱 솟는 옹기가 많은 곳, 그곳 말고도,
아저씨의 아저씨, 아저씨의 아저씨가 오래전 살았던 곳을 웅얼거립니다."

내가 가지고 있는 소중한 것

12

2부 행복을 주는 말

행복을 주는 말

말은 우리의 마음과 마음을 이어 주는
다리 역할을 합니다.
정다운 인사 한마디가 하루를 멋지게 열어 줍니다.
짧지만 이런 말 한마디가 우리를 행복하게 합니다.
"사랑해."
"고마워."
"미안해."
"잘했어!"
"기도해 줄게!"
"넌 항상 믿음직해."
"넌 잘될 거야!"

"네가 내 곁에 있어서 참 좋아."
벤저민 프랭클린이 이런 말을 했습니다.
"성공의 비결은 남의 험담을 하지 않고 상대의
장점을 드러내는 데 있다."
우리의 말 한마디 한마디가 얼마나 중요한지
모릅니다.
그 사람이 사용하는 말은 그 사람의 삶을
말해 줍니다. 오늘 우리도 주위 사람들을
행복하게 해 주는 말을 해 봅시다.
우리 곁에 있는 사람들이 행복할 때 우리는 더욱더
행복해집니다.

웃음의 비밀

인도의 캘커타를 중심으로 소외된 이들을
보살펴 온 테레사 수녀.
그녀가 함께 일할 사람을 선발하는 기준은
비교적 간단했다고 합니다.
바로 '잘 웃고, 잘 먹고, 잘 자는' 사람이었습니다.
그런 사람은 자신의 삶을 행복하게 가꾸고
다른 사람도 잘 도울 수가 있습니다.
또 남을 잘 위로해 줍니다.
웃음은 우리의 삶을 건강하게 해 줍니다.
윌리엄 바클레이는 웃음에 대해 이렇게
말했습니다.

"웃음은 하나님이 주신 큰 선물 중의 하나다.
당신은 사람들을 웃길 수 있는가?
모임이나 동료들 사이에 늘 웃는 사람이 있다면
어느새 모두 유쾌해져 웃기 시작한다.
아니 그 사람을 만나기만 해도 행복하다.
지금 웃고 있는 사람은 하나님의 일을 실천하고
있는 사람이다."

어른이 된 나의 아들에게

오늘 나는 바빴다. 그래서 너와 놀지를 못 했구나.
네가 게임을 하자고 했는데 너와 함께 놀아 줄
시간이 없었다.
네 옷을 빨고, 바느질을 하고, 요리를 하고….
하지만 네가 그림책을 가지고 와서 같이 재미있게
읽자고 했을 때 나는 말했다.
"아들아, 나중에…."
밤에는 안전하게 너를 침대에 뉘고
네가 기도 드리는 소리를 듣고 불을 끈 후,
발소리를 죽이며 방을 나갔다.
몇 분만 더 머물렀어도 괜찮았을 것을….

삶은 짧고 시간은 빨리 지나가
조그만 아이는 어느새 어른이 되어 더 이상
나와 함께 살지 않는다.
소중한 비밀을 내게 털어놓지도 않는다.
그림책은 다 치웠고 같이 놀 게임도 없다.
잘 자라는 인사도,
기도 소리도 더 이상 들을 수 없다.
모두 지나간 일이다.
한때 바빴던 나도 이젠 할 일이 없다.
하루는 길고 쉽게 지나가지 않는다.
옛날로 돌아갔으면,
그래서 네가 하자고 했던 작은 일들을
같이 했으면!

— 작자 미상

…라고 생각하세요!

힘들 때는 '이쯤이야…'라고 생각하세요!
슬플 때는 '하나도 안 슬퍼.'라고 생각하세요!
억울한 일을 당할 때는 '별 것 아니네!'라고
생각하세요!
하기 싫을 때는 '그래, 이번 딱 한 번만 하자!'라고
생각하세요!
용기가 없을 때는 '눈 딱 감고 해 버리자.'라고
생각하세요!
무기력해질 때는 '지금 당장 내가 할 일이 뭐지?'
라고 생각하세요!
밥맛이 없을 때는 '굶주린 북한 아이들의 눈동자'를

생각하세요!
재미가 없을 때는 "하하하!" 억지 웃음이라도
짓고 재미있다고 생각하세요!

씨앗을 파는 가게

한 여인이 꿈을 꾸었습니다.
꿈속에서 여인은 새로 문을 연 한 가게에
들어가게 되었습니다.
가게 주인이 반갑게 맞아 주었습니다.
이 가게에서 무엇을 파느냐고 여인이 묻자
주인은 "당신의 마음이 원하는 것은 무엇이든
팝니다."라고 대답했습니다.
놀라운 대답을 들은 여인은 한참 생각한 끝에
인간이 바랄 수 있는 최고의 것을 사기로
마음먹었습니다.
여인은 말했습니다.

위를 보라

전교에서도 등수 안에 들고
그럼 반에서도 등수 안에 드냐?"
"그럼요, 아버지. 반에서도 등수 안에 들지요!"
아버지는 아들을 보고 빙그레 웃으면서
말했습니다.
"이제부터 어른들이 너보고 공부 잘하느냐고
물으면 무조건 큰 소리로 '네, 전교에서 등수
안에 듭니다!'라고 말하렴.
그러면 어른들은 네가 공부를 잘하는 줄 알 거다!"
아들은 아버지의 말을 듣고 자신감을 얻었습니다.

"마음의 평화와 사랑과 행복과 지혜 그리고
두려움으로부터의 자유를 주세요."
그러자 주인은 미소를 지으면서 말했습니다.
"미안하지만 가게를 잘못 찾으신 것 같군요.
부인, 이 가게에선 열매를 팔지 않습니다.
오직 씨앗만을 팔지요."

칭찬

삶을 밝게 하는 한 가지 방법은 남을 칭찬하는
것입니다.
칭찬을 해 줄 때마다 칭찬을 받는 사람의 마음에는
사랑이라는 등불이 하나씩 켜집니다.
남을 칭찬하면 비판하거나 남의 허물을
들추어 낼 때보다 자신의 마음도 편해집니다.
여러 사람 앞에서 칭찬해 주십시오.
예기치 않을 때 갑자기 칭찬해 주십시오.
짧게 칭찬해 주십시오.
작은 일도 잊지 않고 칭찬해 주십시오.
주변부터 칭찬한 후 당사자를 칭찬하십시오.

칭찬은 남을 사랑하는 마음이 있어야 나옵니다.
진실한 칭찬을 아끼지 말아야 합니다.
그러면 어느 사이에 마음이 넓어지고 마음에
여유가 생길 것입니다.

# 명품 바이올린

한 사람이 유명한 바이올린을 만드는
장인을 방문하여 물었습니다.
"당신이 만든 바이올린 소리는 다른 곳에서
만든 것보다 훨씬 좋은데 그 이유는 무엇입니까?"
바이올린을 만드는 사람이 이렇게 대답했습니다.
"제가 만드는 바이올린은 재료가
다른 바이올린과 다릅니다.
저는 아주 험한 산꼭대기에서 자란 나무만 쓰지요.
그 나무들은 늘 모진 바람에 시달리고
잘 견디며 싸워왔기 때문에 강하고 튼튼합니다.

이런 나무가 아니고서는 좋은 소리를 낼 수가 없답니다."

세 종류의 친구

당신은 어떤 친구를 갖고 있습니까?
친구는 다음과 같은 세 종류의 친구가 있습니다.
빵 같은 친구 - 항상 필요한 친구입니다.
약 같은 친구 - 때때로 필요한 친구입니다.
질병 같은 친구 - 이런 친구는 피해야 합니다.

행복을 주는 말 75

시련 후에 있는 성장

헬렌 켈러는 "이 세상에서 가장 불행한 사람은
시력은 있는데 비전(vision)이 없는 사람이다."라고
말했습니다.
우리에게는 시련을 이겨내는 힘이 있습니다.
그 힘은 희망이며 사랑입니다.
우리는 지나간 슬픔에 눈물을 낭비해서는
안 됩니다.
이 세상의 모든 피조물은 고통과 시련을
겪으며 살아갑니다.
나무도 시련 속에 성장하고 꽃도 시련을
겪은 후에 피어납니다.

어떤 시련이 다가와도 비전을 잃지 않으면
일어설 수 있습니다.
시련은 당신을 훈련시킬 좋은 기회입니다.

사랑은 위대하다

한 장애인 소식지에 실린 감동적인 이야기입니다.
캠핑을 떠난 일가족이 반대편에서 과속으로
달려오던 대형버스와 정면으로 충돌하는
사고를 당했습니다.
이 사고로 그 가정은 두 딸을 잃었고 아내도
전신마비를 일으키고 말았습니다.
아내가 2년 3개월 간 병원에서 치료를 받고
퇴원한 후에도 남편은 하루하루 아내를 위해

살아야 했습니다.
그러나 남편은 이렇게 말합니다.
"많은 사람들이 보기에 우리를 파괴된 가정이요,
 가장 불쌍한 부부라고 할지 모르지만 우리는
여전히 행복합니다."
남편은 새벽 3~4시면 일어나 욕창이 생기지
않도록 아내의 누운 자리를 바꿔 주는 일로
하루 일과를 시작한다고 합니다.
그 밖에도 그가 아내를 위해 하는 일은
너무너무 많습니다.
하지만 그는 이렇게 말합니다.
"사랑이 없었다면 지쳐 버렸을 것입니다.
저는 지난 3년 6개월 동안
하루에도 수십 번씩 기저귀를 갈아 주는
엄마와 같은 사랑을 하게 되었습니다.
이렇게 할 수 있는 것이 사랑입니다."

희망의 끈

심리학자 빅터 프랭클은 나치 수용소에
수감되었다가 극적으로 살아났습니다.
그 가운데서 어떻게 살아남을 수 있었는지 그의
저서 《삶의 의미를 찾아서》에 이렇게
기록하고 있습니다.
"나치 수용소에서 겪은, 말할 수 없이 잔인한
고문이나 무서운 형벌, 비인간적인 학대 속에서도
나를 생존하게 만든 것은 희망이었다.
이들의 시대는 언젠가는 끝난다.
그때 나는 이 수용소를 나가서 내가 붙잡은
이 삶의 희망을 수많은 사람들에게 전해 주겠다.

끔찍하고 절망적인 고문을 넘어선 곳, 저 건너편에
있는 희망을 사람들에게 보여 주기 위해서 나는
끝까지 견뎌 내겠다."
그는 나치의 모진 고문을 받으면서도 희망의
끈을 끝까지 놓지 않았습니다.

응답

예배 시간에 한 꼬마 아이가 계속해서 휘파람을
불고 있었습니다.
예배에 방해가 되자 목사님이 말했습니다.
"얘야! 예배 시간에 휘파람을 불면 어떻게 하니?"
그러자 꼬마 아이는 씩 웃으며 이렇게 말했습니다.
"목사님! 제가 하나님께 휘파람을 불게 해 달라고
기도했는데요, 바로 지금 응답을 받았어요!"

행복을 주는 말 83

용서

상습적으로 탈영을 일삼던 군인이 있었습니다.
결국 그에게는 사형선고가 내려지고 말았습니다.
마지막으로 제독이 말했습니다.
"나는 너를 교육도 시켜 보았다.
상담도 해 보았고 처벌도 해 보았다.
채찍을 들어 때려도 보았다.
그런데 너는 돌이키지 않았고 새로워지지도
않았다. 어쩔 수 없이 너는 죽어야 한다."
이때 지혜로운 부하 한 사람이 말했습니다.
"각하! 각하께서는 한 가지 해 보지 않은 것이
있습니다. 각하는 이 사람을 용서해 보신

적이 있으십니까?"
제독은 부하의 이야기를 받아들여 무조건
용서해 주었습니다.
그후 사형을 당할 뻔한 군인은 완전히 달라져서
충직한 군인이 되었습니다.

사랑은 용서에서 시작됩니다.

나무와 열매

한 노인이 정원에 나무를 심고 있었습니다.
마침 이곳을 지나가던 나그네가 물었습니다.
"노인께서는 언제쯤 그 나무에 열매가
열릴 것으로 생각하십니까?"
노인은 무표정한 얼굴로 대답했습니다.
"70년쯤 지나면 열릴 것일세."
나그네가 다시 물었습니다.
"노인께서는 그때까지 사실 수 있습니까?"
노인은 빙그레 웃으며 말했습니다.
"아닐세, 그렇지 않네.
하지만 내가 태어났을 때에도 우리 과수원에는

열매가 많이 열려 있었네.
내가 태어나기 전에 아버지께서 나를 위해
묘목을 심어 놓았기 때문이지.
나도 아버지처럼 나를 위해 미래의 후손을 위해
일하고 있을 뿐이야."

가장 귀한 보물

로마의 명사 티베리우스 구라크스의 아내
코르넬리아는 현명한 부인으로 잘 알려져
있었습니다.
어느 날 명사 부인들이 코르넬리아의 집에
모였을 때, 각자 자기들이 가진 보석을
내보이며 자랑을 하게 되었습니다.

그러나 코르넬리아는 아무 말 없이 남의 보석만
보고 있을 뿐이었습니다.
이윽고 다른 여인들이 그녀의 보석을 보여 달라고
청하기에 이르렀습니다.
처음에는 사양하던 코르넬리아는 거듭 재촉하는
말에 조용히 자리에서 일어나 옆방으로 가더니
두 아들의 손을 잡고 나타났습니다.
"여러분, 이 아이들이 나의 보석입니다!"
이들 형제가 후에 로마 공화정 시대에 호민관이 된
구라크스 형제입니다.

쉴 수 있는 시간

직장에 다니는 여성들의 하루는 무척이나
힘들고 고됩니다.
일을 하면서 아이들을 양육한다는 것은
더욱 힘든 일입니다.
직장에 다니면서 아들 셋을 기르는
엄마가 있었습니다.
어느 여름날 저녁 식사를 마친 아이들은 마당에서
전쟁 놀이를 하기 시작했습니다.
아들 중에 하나가 엄마에게 장난감 총을 겨누며
말했습니다.
"땅! 땅! 엄마, 죽었어!"

그러자 엄마는 "윽!" 하고 그대로 바닥에 쓰러지더니 꼼짝도 하지 않았습니다.
한참이 지나도 일어나지 않는 엄마를 보고
걱정이 된 이웃 사람이 가까이 다가왔습니다.
이웃 사람은 몸을 구부리고 아이들의 엄마를
내려다보며 몸을 흔들었습니다.
엄마는 한쪽 눈만 살짝 뜨고는 조그맣게
말했습니다.
"조용히 하세요! 우리 아이들에게는 절대로
말하지 마시고요!
잠시 쉴 수 있는 시간은 지금뿐이에요!"

공짜는 없다

오래 전 한 지혜로운 왕이 신하를 불러 모아
명령을 내렸습니다.
"백성에게 가르쳐 줄 삶의 방법을 연구해 오너라!"
명령을 받은 신하들은 온갖 지혜를 모아
열두 권짜리 책을 만들어 왕에게 가지고 왔습니다.
"대왕마마! 드디어 연구를 마쳤습니다.
이 열두 권의 책에 바로 삶을 살아가는 방법이
들어 있습니다."
그러나 왕은 신하들에게 호통을 쳤습니다.
"아니, 이 많은 책을 어떻게 읽고 백성들이
삶을 살아가겠느냐?

한 줄로 줄여 가지고 오너라!"
신하들은 연구에 연구를 거듭했습니다.
결국 한 줄로 요약할 수 있었습니다.
"대왕마마! 드디어 한 줄로 줄여 가지고
왔습니다."
"그럼 말해 보아라!"
"대왕마마! 인생을 살아가는 가장 좋은 방법은
'공짜는 없다!'이옵니다."

내가 사랑한 것

'뉴딜 정책'으로 유명한 미국 대통령 루스벨트는
미국 사람들이 존경하는 인물 가운데
한 사람입니다.
청년 시절 루스벨트는 꿈과 비전이 있고 장래가
유망한 젊은이었습니다.
그러나 39세의 나이에 소아마비에 걸려
휠체어에 몸을 의지할 수밖에 없게 되었습니다.
실의에 빠진 루스벨트가 어느 날 용기를 내어
약혼녀인 엘레나에게 물었습니다.
"내가 불구자가 되었는데도 당신은 나를
사랑합니까?"

참으로 뼈를 깎는 고통과 피가 마르는 아픔을
삼키며 슬픈 눈빛으로 약혼녀에게 던진
한마디였습니다.
그는 약혼녀가 무슨 말을 하더라도 받아들일
참이었습니다.
약혼녀 엘레나는 그를 바라보며 이렇게
말했습니다.
"당신은 내가 그 동안 당신의 성한 다리만
사랑한 줄 아셨나요?
내가 사랑한 것은 루스벨트라는 사람입니다."

사랑의 메아리

한 아이가 어머니에게 야단을 맞고 숲 속으로
들어갔습니다.
아무도 없는 데서 "나는 당신을 미워합니다!"라고
크게 소리를 질렀습니다.
그때 숲 속에서 똑같이
"나는 당신을 미워합니다!"라는 소리가
들려왔습니다.
소년은 놀라서 집으로 돌아왔습니다.
그리고 어머니에게 말했습니다.
"어머니! 숲 속에 나쁜 사람이 있어서 나를
미워한다고 했어요!"

이 이야기를 들은 어머니는 아이를 데리고
숲으로 갔습니다.
"애야! 이번에는 '당신을 미워합니다!'라고
하지 말고 '당신을 사랑합니다!'라고
소리쳐 보아라."
아이는 어머니가 시키는 대로
"당신을 사랑합니다!"라고 소리쳤습니다.
그러자 숲 속에서도 "당신을 사랑합니다!"라고
메아리로 대답해 왔습니다.

악수의 여러 가지 의미

손에 힘을 많이 주는 악수 '자신감'

힘을 적게 주는 악수 '나약함'

한 손으로 잡는 악수 '강한 자'

두 손으로 잡는 악수 '약한 자'

악수하며 상대방의 눈을 보는 것은 '진솔함'

악수하며 다른 사람을 보는 것은 '무례함'

상대에게 자신의 손바닥까지 다 주는 것은 '따뜻함'

상대방에게 손가락 부분만 주는 것은 '차가움'

분명하게 말하자

"당신의 희망은 무엇입니까?"
때때로 젊은이들에게 희망을 물으면,
머리만 긁적거리며 아무 말도 못하거나
"좋은 사람이 되고 싶어요."
"행복하게 살고 싶어요."라고
막연하게 말합니다.
꿈을 이루고 싶다면 자신의 희망을 분명하게
말할 수 있어야 합니다.
성공한 사람들을 보면 대부분 어려서부터
자신이 어떤 일을 하고 싶은지, 어떤 인물이
되고 싶은지 구체적으로 표현한 사람들입니다.
자신의 희망을 다른 사람에게 분명하게 말할 수
있는 사람이라면 그 희망을 반드시 이루게
될 것입니다.

행복을 주는 말 101

선물

인간은 맛없는 식물로 목숨을 지탱하며
단순하게 살아가는 존재였다.
그러나 하나님은 그런 인간에게
활기라는 것을 선물해 주셨다.
그리고 뜨거운 흙을 밟으며 역경을 넘어야 하는
고통을 덜어 주기 위해 우리에게 기지와 풍미와
명랑함과 웃음과 향기를 주셨다.

— 시드니 스미스

친구란…

친구란 어떤 사람이겠습니까?
사람마다 대답이 전부 다를 것입니다.
영국의 한 출판사에서 상금을 내걸고 '친구'라는
말의 정의를 독자들에게 공모한 적이 있습니다.
수천 통이나 되는 응모 엽서 중에 다음 내용들이
선발되었습니다.
"기쁨은 곱해 주고 고통은 나눠 갖는 사람."
"우리의 침묵을 이해하는 사람."
"많은 동정이 쌓여서 옷을 입고 있는 것."
"언제나 정확한 시간을 가리키고 멈추지 않는
시계."

하지만 1등은 다음의 글이었습니다.
"친구란 온 세상이 다 내 곁을 떠났을 때
나를 찾아오는 사람."
당신에게는 어떤 친구가 있습니까?

3부 성공하는 사람들의 조건

성공하는 사람들의 조건

우리는 홀로 살아가는 것이 아니라
함께 살아갑니다.
그러므로 21세기에 성공하는 사람의 조건은
다음과 같습니다.
실망시키는 사람이 아니라 신임을 얻는 사람,
자기 명예만을 탐하는 사람이 아니라 자기의
멍에도 지고 남도 도울 줄 아는 사람입니다.
소극적인 자세로 안일하게 소일하는 사람이
아니라 꿈을 가지고 열정을 다 쏟으며 주어진 길을
땀흘리며 완주하는 사람입니다.
정력적인 사람보다 정열적인 사람,

밝히는 사람보다 밝은 남자,
때가 많은 사람보다 때를 아는 남자,
여우 같은 여자보다 여유 있는 여자,
화장기 많은 여자보다 순수한 여자입니다.
모든 일에 기회를 노리는 사람보다 작은 일부터
최선을 다하는 사람의 삶이 아름답습니다.
최선을 다한 사람은 목표지에 도착할 때 분명히
환호와 박수를 받을 것입니다.

성공과 실패의 갈림길

성공과 실패에는 분명한 분기점이 있습니다.
긍정적인 마음과 가능성을 찾아내는 눈이 있느냐
없느냐에 따라 성공과 실패가 갈라집니다.
특히 가능성을 찾아내는 눈은 성공하는 데
매우 중요합니다.
가능성이란 꿈을 찾는 것입니다.
꿈은 마음으로 강력하게 원해야만 현실이 됩니다.
즉 자신감을 갖고 앞으로 이루어질 일을
기대하며 끈기 있게 실천해 나갈 때 가능성은
현실이 됩니다. 우리는 유행이나 상황에 따라
흔들려서는 안 됩니다.

다른 사람의 부속품처럼 살아서도 안 됩니다.
우리는 엔진이 되어서 주체적으로
움직여야 합니다.
그래야 살맛 나는 인생을 살 수 있습니다.

문을 열어라

"문 하나가 닫히면 다른 문이 열린다.
그러나 우리는 닫힌 문을 바라보며 너무나
오랫동안 후회하다가 우리를 향해 열린 문을
미처 보지 못한다."
알렉산더 그레이엄이 한 말입니다.

우리는 살면서 수많은 문을 만나게 됩니다.
성공의 문은 삶에 자신을 온전히 투자하는
사람들에게 분명히 열립니다.
생명이 없는 나무 토막은 흐르는 물을 따라
떠내려가지만 살아 있는 작은 물고기는 급류를
거슬러 올라갑니다.
우리 안에 열정이 살아 있다면 기대감도 함께
생겨날 것입니다.
문은 열려 있습니다.
브라우닝이 이런 말을 했습니다.
"저급한 목표로 성공을 거두기보다 차라리
난 고상한 목표로 당당하게 실패하겠다."
실패할 때 실패하더라도 문을 확 열어 봅시다.
꿈을 활짝 펼쳐 봅시다.

긍정적인 사람

어떤 회사에서 세일즈맨들의 사기가 떨어지고
능률이 오르지 않자 사장이 직접 나서서
세미나를 개최했습니다.
강단에 선 사장은 귀퉁이에 까만 점 하나를
찍은 흰 수건을 세일즈맨들에게 펼쳐 보이면서
무엇이 보이는지 물었습니다.
그들은 까만 점이 보인다고 대답을 했습니다.
사장이 말했습니다.
"자세히 보십시오! 다른 것은 보이지 않습니까?"
그들은 여전히 까만 점밖에 보이지 않는다고
말했습니다.

사장이 다시 말했습니다.
"여러분! 까만 점은 이 구석에 하나밖에 없는데 왜 이 넓은 흰 바탕은 못 보는 겁니까? 우리가 하지 못할 일은 없습니다. 우리에겐 단점보다 가능성과 장점이 더 많습니다. 다시 한 번 도전해 보시기 바랍니다!"

기다리는 그 시간

꿈을 이루는 사람, 성공하는 사람의 특징은
기다릴 줄 안다는 것입니다.
곧게 자라나는 대나무는 씨앗을 심은 후
첫 4년 동안에는 죽순만 하나씩
돋아난다고 합니다.
다른 것은 아무것도 없습니다.
하지만 그렇게 죽순만 나오는 4년 동안
땅 속에서는 뿌리가 잘 자라나 튼튼하게
뿌리를 내리게 됩니다.
그리고 5년째가 되면 대나무는 쑥 자라납니다.
죽순으로 보내는 4년의 시간은 반드시 필요합니다.

헛되이 보내는 시간이 아닙니다.
꿈을 가지고 그 꿈을 이루기 위해 기다리는 시간은
보람이 있습니다. 기다림은 아름답습니다.

독서의 힘

미국 상원 의원 중에 학교 공부는 별로
못했으면서도 다방면으로 학식이 풍부한
의원이 한 사람 있었습니다.
그는 모든 것에 대한 판단도 매우 정확하였습니다.
한 젊은이가 그에게 물었습니다.
"상원 의원님! 의원님은 학교 교육을 제대로
받지 못하셨는데 어떻게 그렇게 많은 것을
아실 수가 있습니까?"
상원 의원은 이렇게 대답했습니다.
"나는 열여덟 살 때부터 하루 두 시간씩
독서를 하기로 결심했습니다.

차를 탈 때나 누구를 기다릴 때,
심지어는 여행을 하면서도 책을 읽었습니다.
신문이나 잡지는 물론, 명작 소설이나 시도
읽고 성경도 읽고 정치 평론도 읽었습니다.
그랬더니 자연스레 많은 것을 알게 되었습니다.
모든 것이 독서의 힘입니다."

제일 맛있는 감

이 세상에서 제일 맛있는 감은 어떤 감이겠습니까?
감에는 단감, 홍시, 연시, 곶감 등 여러 가지
맛있는 감이 많이 있습니다. 그러나 그 중에
제일 맛있는 감은 우리의 마음을 강하고
담대하게 만들어 주는 '자신감'입니다.

성공하는 사람들의 조건

최선의 85퍼센트

어느 분야에서든 성공한 사람들은 성공한 만큼
시련과 역경을 잘 이겨 낸 사람들입니다.
대부분의 사람들이 자기 능력의 15퍼센트밖에
발휘하지 못하고 있다는 것은 너무나 잘
알려진 사실입니다.

자기 능력을 개발해 낸 사람은 스스로도
놀랄 만한 뛰어난 능력을 드러내며
일을 성취합니다.
이것은 바로 자신감과 도전 정신과
열정의 결과입니다.
미국 시인 휘티어는 이렇게 말했습니다.
"말이나 글로 표현할 수 있는 말 가운데 가장
슬픈 말은 '그렇게 될 수도 있었는데….'라는
것이다."
최선을 다하는 삶에는 후회가 없습니다.
우리는 늘 최선을 다해야 합니다.

돌아오지 않는 세 가지

세상에는 돌아오지 않는 세 가지가 있습니다.
첫째는 우리 입에서 나간 말입니다.
한번 내뱉은 말은 다시는 돌이킬 수 없습니다.
둘째는 화살입니다. 활시위를 떠난 화살은
다시는 돌아오지 않습니다.
셋째는 세월입니다. 세월은 흐르는 물과 같아서
다시는 돌이킬 수 없습니다.
그런데 흘러가는 시간을 붙잡을 수 있는 길이
있습니다.
그것은 반성이라는 법정에 서서 지난 일을
돌이켜 보며 "무엇을 잃었으며 또한 무엇을

얻었는가?"라고 묻는 것입니다.
그리하여 얻은 것에 감사하고 잃은 것에 대해
반성할 때 세월은 그냥 흘러가 버리지 않고
우리 마음에 남아 다시 새롭게 살아갈
지혜와 용기를 줍니다.

가장 중요한 것

어느 유명한 사진 작가에게 누군가 물었습니다.
"사진 작품을 촬영할 때 가장 중요한 것은
무엇입니까?"
사진 작가의 대답은 아주 간단했지만
의미가 있었습니다.
"제일 먼저 사진기의 뚜껑을 여는 것입니다."
무슨 일이든 시작이 중요합니다.

목표

혼자 힘으로 의학을 공부하는 한 청년이
있었습니다.
그의 의복은 언제나 초라했습니다.
바짓가랑이가 해지고 여기 저기 구멍이 나 있기
일쑤였습니다.
어느 날 그가 형편없이 해진 옷을 입고 있는
것을 본 친구가 꿰매 입으라고 충고를 했습니다.
다음 날 옷을 꿰매 입고 온 그의 모습은 어딘지
모르게 어색했습니다.
자세히 보니 실이 아니라 종이로 꼰 노끈으로
옷을 꿰맨 것이었습니다.

친구는 혀를 내두르며 물었습니다.
"아니, 자네는 바늘도 실도 없나?"
그는 태연하게 말했습니다.
"나는 의학을 배우러 온 것일세. 재봉을 배우러 온 것도 아닌데, 이만하면 괜찮지 뭘 그러나?"
그는 결국 유명한 의사가 되었습니다.
목표가 분명한 사람은 현재의 모든 어려움을 이겨 내고 자신의 목표를 이루고야 맙니다.

비스마르크와 아들

독일의 정치가 비스마르크가 아들에게 다음과
같은 편지를 보냈습니다.
"내가 오늘 한 일에 대하여 내일 다른 사람들의
말을 들어보면 태반이 잘못되었다.
그러나 남의 칭찬을 받는다고 해서 기뻐하지 말고
남의 비난을 받았다고 실망하지 말아라.
지금 나와 함께 한 사람들도 내 마음을 알아 주기
어려운데 어찌 백년이나 천년 후의 사람들이
내 마음을 알아주겠느냐.
그러므로 전능자만이 내 마음을 알아 줄 것이라고
믿고 남들이 칭찬하거나 욕을 하거나 그런 것은

아무렇지도 않게 생각해야 한다.
지금의 내가 총리라는 어려운 일을 하고
있는데 만일 전능자가 없다면 나는 사흘도
못 견딜 것이다.
너무 세상의 칭찬에 관심 두지 말아라.
오직 전능자로부터만 칭찬을 받도록 힘써라."

가필드의 10분

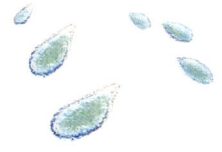

미국의 20대 대통령 가필드가
대학생 때의 일입니다.
그와 같은 반에 수학 성적이 매우 뛰어난
학생이 있었습니다.
뒤지기 싫어하는 성격의 가필드는 그를
따라잡기 위하여 열심히 노력했습니다.
하지만 언제나 그 학생을 이길 수가 없었습니다.
기숙사에서 생활하던 가필드는 유심히 관찰한
끝에 그 친구 방의 불이 자기 방보다 10분
나중에 꺼진다는 것을 알게 되었습니다.
"그래, 그가 나보다 항상 10분 더 열심히 했기

때문에 잘하는 거로구나!"
그후 가필드는 그 친구 방에서 불이 꺼진
다음 10분 더 공부하고 나서 잠을
청했다고 합니다.
마침내 가필드는 그 친구보다 좋은 성적을
내게 되었습니다.
훗날 대통령이 된 가필드는 취임사에서 이렇게
말했습니다.
"10분을 잘 활용하십시오. 그러면 이 10분이
모든 일을 성공으로 이끄는 원동력이
될 것입니다."
노력 앞에서는 그 어떤 것도 당해 내지 못합니다.

지혜로운 왕

항상 화려한 금관을 쓰고 거울 앞에 서서
자기 모습을 바라보는 것을 좋아하는 왕이
있었습니다.
한편 백성들은 날마다 거두어들이는 세금
때문에 굶주리고 있었습니다.
이를 보다 못한 한 지혜로운 신하가 왕의 침실에
놓인 거울을 뜯어 내고 백성들을 바라볼 수 있는
창문을 달아 놓았습니다.
다음 날 잠에서 깨어난 왕은 어느 때처럼 화려한
옷을 입고 금관을 쓰고 거울 앞에 서려고 하다가

창문 밖으로 보이는 초라한 백성들의 모습을
발견하게 되었습니다.
아이들은 굶주림에 지쳐 있었고, 여인들은 고통에
떨고 있었으며, 허리가 굽은 노인들은 무거운
짐을 힘겹게 지고 있었습니다.
이 참담한 모습을 본 왕은 자신이 얼마나 무능하게
다스렸는지를 깨달았습니다.
왕은 화려한 옷을 벗고 소박한 옷으로
갈아입었습니다.
그리고 백성들을 위하는 왕이 되었습니다.

노벨의 마음

세계적으로 가장 권위 있는 노벨상의 창시자
노벨은 스웨덴의 화학자입니다.
노벨은 고통과 가난 속에서도 의욕을 잃지 않고
연구를 거듭하여 1863년 광산에서 쓰이는 폭약을
발명했고 1887년에는 그보다 성능이 우수한
다이너마이트를 발명했습니다.
다이너마이트의 발명으로 그는 유럽 최대의
거부가 되었습니다.
그러나 인류의 생산과 건설에 이바지하려고
발명한 다이너마이트가 인류의 목숨을 파괴하는
데 쓰이게 되었다는 것을 깨달았습니다.

세상을 떠나기 전에 그는 그의 재산을 희사해
인류를 위하여 공헌한 사람에게 수여하는
노벨상을 제정하였습니다.
노벨의 순수한 마음은 지금도 노벨상을 타는
사람들을 통하여 모든 인류에게 감격과 기쁨을
가져다 주고 있습니다.

카네기

세계적인 강철왕 카네기가
처음으로 일자리를 얻은 곳은
방직 공장이었습니다. 그는 증기 기관 조수,
기계공, 우편 배달부, 철도원 일들을 거쳤습니다.
카네기는 무슨 일을 하든지 최선을 다했습니다.
그 직업의 일인자가 되는 것이 꿈이며
소원이었습니다.
그는 결국 세계 역사에 남는 유명한 사업가가
되었습니다.
그러나 세계 최고의 부자가 된 카네기는
여기에서 멈추지 않았습니다.

문화, 교육, 국제 평화 등을 위한 많은 연구소와
재단을 세워 자신이 가진 부를
다른 사람들과 나누었습니다.
유명한 카네기 홀도 그가 만든 것입니다.
자신의 삶에 최선을 다하고 거기서 얻은 결과를
나눌 줄 아는 사람은 정말 멋진 사람입니다.

내 삶을 어떻게 만들까?

미켈란젤로가 망치를 들면 놀라운 작품이
나오지만, 범죄자가 망치를 들면 상대가
피투성이가 됩니다.
우리 모두에게는 주어진 삶이 있습니다.
우리의 삶을 걸작품으로 만드느냐
아니냐는 우리 손에 달려 있습니다.
어느 조각가에게 물었습니다.

"당신은 어떻게 이런 놀라운 작품을
만들었습니까?"
조각가가 대답했습니다.
"대리석에서 필요 없는 부분을 떼어 냈더니 이런
좋은 작품이 되었습니다."
우리도 필요 없는 것들을 떼어 내며 살아야 합니다.
우리의 삶을 작품으로 만들어 갔으면
좋겠습니다.

순종

중세 유럽의 어느 수도원에서 제자를 삼기 위한
시험을 했습니다.
첫 번째 관문은 '배추 심기'였습니다.
그런데 수도원장이 배추 뿌리를 하늘을 향해
심으라고 지시했습니다.
제자가 되고 싶어 찾아온 두 청년이 밭으로
갔습니다.
한 청년은 수도원장의 말씀대로 배추 뿌리가
하늘을 향하도록 심었고, 한 청년은 수도원장의
말씀과 반대로 배추 뿌리가 땅을 향하도록
심었습니다.

수도원장은 배추를 심어 놓은 모습을 살펴보고는
두 번째 청년을 불러 말했습니다.
"청년처럼 똑똑한 사람은 혼자서 사십시오.
당신은 선생으로서의 자격은 있을지 모르지만
제자로서의 자격은 없습니다."
수도원장은 이 시험에서 '순종하는 마음'을
알아보려고 했던 것입니다.
순종은 제자가 되기 위한 첫 번째 조건입니다.
조금은 엉뚱한 요구에도 "예" 하고
순종해 보면 어떨까요?

성취의 기쁨

미국 오하이오 주의 자전거 수리공이었던 라이트 형제는 그 당시 수많은 엔지니어들이 시도했지만 실패하였던 비행기 발명의 꿈을 이루었습니다.
라이트 형제는 세 가지 꿈을 가지고 있었습니다.

"첫째, 비행기를 만들어서 하늘로 올려야 한다.
둘째, 비행기가 공중에 머물어야 한다.
셋째, 비행기가 가고자 하는 곳으로 날아가야
한다."

그들은 분명한 목표로 비행기를 발명하였습니다.
우리 삶의 목표가 분명하다면 우리의 삶은
분명히 소원의 항구로 인도될 것입니다.
우리는 끝까지 최선을 다하여 목표를 완성해
나가야 합니다.
목표를 이루었을 때의 기쁨이 얼마나 큰 것인가는
체험해 본 사람들만이 알 수 있습니다.

에디슨의 장미 정원

발명왕 에디슨은 청년 시절에 아름답고 진귀한
장미 정원을 가지고 있었습니다.
지나가던 사람들도 이 아름다운 정원을
둘러보기 위해 들어와서 구경을 하곤 했습니다.
그런데 그의 정원 입구에는 큰 빗장이 질러져
있어서 정원으로 들어가려면 반드시 그 빗장을
힘껏 제쳐야 했습니다.
빗장이 얼마나 무거웠던지 한 친구가 에디슨에게
불평을 털어놓았습니다.
"여보게 친구! 정원을 잠그는 것도 아니면서 왜
빗장을 달아 놓았나?"

그러자 에디슨은 이렇게 말했습니다.
"보게나! 이 빗장은 절대로 필요 없는 것이 아냐.
자네 같은 친구들이 호기심에 차서 빗장을 들어
올릴 때마다 나는 입장료를 받는 거나 다름없다네.
왜냐하면 이 빗장을 들어올릴 때마다
지붕 위 물탱크에 35리터씩 물이 올라가도록
설계를 했거든!"
에디슨은 발명왕답게 모든 일 속에서
자신의 꿈을 이루어 갔습니다.

바다와 폭풍우

영국의 화가 터너의 작품 가운데 〈바다와 폭풍우〉
라는 그림이 있습니다. 그는 이 그림을 그리기
위해 남다른 경험을 했습니다.
폭풍우가 몰아치는 어느 날,
터너는 배에 올랐습니다.
화실에 틀어박혀서는 폭풍우가 몰아치는
바다를 제대로 그릴 수가 없었기 때문입니다.
그는 배를 집어삼킬 듯한 거센 풍랑과 싸우면서
휘몰아치는 폭풍을 눈으로 확인했습니다.
그런 후에 화실로 돌아와 그린 그림은
이전에 그린 어떤 그림보다 훨씬 더

생동감이 넘쳤습니다.
터너는 직접 보지 않고도 폭풍우가 몰아치는
그림을 그릴 수가 있었을 것입니다.

지금보다 나은 결과를 얻고 싶습니까?
그렇다면 자신감을 갖고 도전하십시오.
자신감을 갖고 한 걸음씩 꾸준히 노력한다면
좋은 결과를 얻을 것입니다.

떨어진 휴지 한 장

어느 유명한 회사에서 신입사원을 뽑을 때의
일입니다.
일류 대학을 나온 능력 있는 지원자들이 많이
모여들었습니다.
서류 전형을 마치고 시험을 치른 1차 합격자들에게
이제 남은 것은 면접 시험뿐이었습니다.
사람됨을 가늠하는 가장 중요한 면접 시험은
사장이 직접 하기로 되어 있었습니다.
면접 시험을 앞둔 사람들은 저마다 사장이 묻는
말에 대답을 잘 하기 위해 준비하고 또
준비했습니다.

지원자들을 한 사람씩 만난 사장은 이상하게도
한마디 질문도 하지 않았습니다. 면접 시험이
끝나고 7명의 합격자가 발표되었습니다.
나머지 사람들은 어째서 합격이 되지 않았는지
궁금했습니다.
사장은 다음과 같이 대답했습니다.
"우리 회사는 똑똑한 사람보다 열심히 일하는
사람이 필요합니다. 그래서 면접을 보기 위해
들어오는 문 앞에 휴지 한 장을 떨어뜨렸습니다.
들어오면서 휴지를 주워 휴지통에 넣은 사람을
합격시켰습니다."
그 해에 휴지를 줍고 들어온 사원들은 과연
다른 해에 뽑은 이들보다 성실하게 회사 일을
잘하여 많은 사람들에게 칭찬을 받으며 중요한
일을 감당해 나갔습니다.
일은 입으로 하는 것이 아니라 손과 발을
움직여 하는 것입니다.

딱정벌레의 힘

미국의 콜로라도 주의 롱 피크에는 수령이
사백 년이나 되는 고목이 있습니다.
이 나무는 살아 있는 동안에 열네 번씩이나
벼락을 맞았지만 일부 가지만 잘라져 나갔을 뿐
죽지 않았습니다.
거친 비바람이 몰아치는 폭풍우에 시달리기도
했습니다.
엄청난 산사태를 만나기도 했습니다.
주변에 있던 나무들은 모두 쓰러졌지만 이 나무는
그 자리에 그대로 버티고 서 있었습니다.
그러나 결국 이 나무도 말라비틀어진 고목이

되고 말았습니다.
벼락과 폭풍우와 산사태를 이겨 낸 이 나무를
쓰러뜨린 장본인은 바로 아주 작은
딱정벌레였습니다.
딱정벌레들이 갉아먹어 들어가자 나무는 서서히
병이 들어 어느 날 힘없이 쓰러지고 말았습니다.

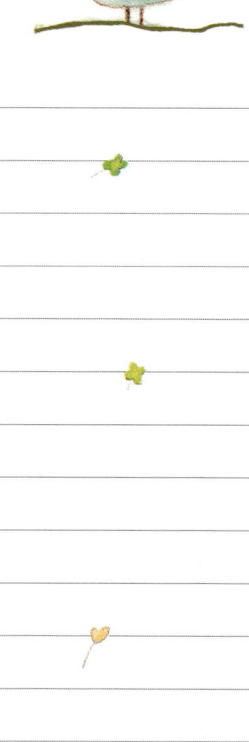

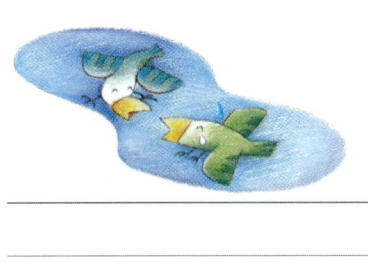

지하철 사랑의 편지

엮은이 · 용혜원

초판 1쇄 인쇄 2003년 1월 2일
초판 1쇄 발행 2003년 1월 7일

펴낸이 · 한 순 이희섭
펴낸곳 · 나무생각
팀장 · 강혜란
편집 · 최현진 김은정
마케팅 · 문제훈 김선영
출판등록 · 1998년 4월 14일 제13-529호

주소 · 서울특별시 마포구 서교동 328-13
전화 · (대)334-3339, (편)334-3308
팩스 · 334-3318
이메일 · tree3339@hanmail.net
tree3339@dreamwiz.com

값은 뒤표지에 있습니다.
ISBN 89-88344-54-5 03810

잘못된 책은 바꿔 드립니다.